超新世紀 ミロク

すべての秘密が明かされる日

愛知風太郎
Futaro Aichi

たま出版

マヤが解読した10万4000年の銀河宇宙時間という時の砂時計は、
もうまもなく尽きようとしています。

★ユートピアをめざしているあなた

★予言に興味があるあなた

★理想主義のあなた

★神秘主義のあなた

★虚無主義のあなた

★日月神示が好きなあなた

そんなあなたのために用意しました。

超新世紀ミロク◎目次

パンドラの箱が開かれるときが来た

この世はもうすぐ突然終わってしまうようですよ。

長かった輪廻転生も今回で終わっちゃいます。

この世の価値判断を手放し、苦も楽もそのまま受け止め、ミロクの世界に出発しませんか。

世の中、いろいろなことが議論されているようですが、無駄なんですよね。もしかしたら、すべての主張は自己を正当化するためにあるのかもしれませんよ。

「自分は正しい」と思っているから、口論、喧嘩が始まるんですし、その人の信じている「真実」はどんなに説明しようと、その価値観を受けつけない人にはあまり意味がないんですよね。

思考は無限の万華鏡のように、ある面から見ればそう見えるし、角度を少し変えて見ればまた別の物語が生まれてくるというようなもので、そのひとつひとつが、その人の、その時の「真実」であるのでしょう。

各個人は、それぞれの快欲を基に価値判断を下しているので、どうしてもお互い理解に至らない場合がほとんどとなります。

自分の方が正しいので、相手もそのうち認めるハズだという幻想を信じて、相手を説得しようと、人は大変な労力を使って議論するわけですが、お互いの「論理的知性」は、どこまでも衝突していくのです。

論争の結果、得られるのは非難と称賛の二つのみであり、心の平安を得ることはできない。

――釈迦

さて、本題に入りましょう。

一厘の仕組みは、「神々さえ知らない」秘密とされ、人間には到底知ることのできないとされていたものですが、人間の欲望が限界まで物質化され、その舞台が99％完成した現在、大神様はついにその実行を宣言されました。

これは、人間がとことんまで行かなければ、つまり地球の行き詰まりがハッキリと目で、形として見えなければ心からの改心ができないため、現代まで待ったということです。

いよいよパンドラの箱が開かれる時が来たのです。

一厘というのは、「いよいよのギリギリ」の時になったら発動するように大神様がセットした秘策で、今までの〝体主霊従〟の世から〝霊主体従〟の世にひっくり返す最終手段として、富士（火・霊）と鳴門（水・体）の仕組みとして用意されており、それは世界の霊的中心である日本、そして人体の中心であるハラにマコトを据えることのようです。

五体は五大陸に通じ、五体の中心のハラが栄養をとれなくなると全体が衰弱していきます。統一するのがハラのハタラキであり、ハラにマコトが据わっていないからアタマが取り違いをして我善《われよし》し、身欲に走ってしまうわけです。

一言で言えば、それは悪の自滅システムともいうべきもので、大神様が最初に神々や人間を生み出した時にセットした〝体内時限爆弾〟とも呼べるものです。

神示では、

「身欲生ぜねば悪生ぜず、悪生ぜねばメグリの輪廻転生はなかりたのであるぞ」

「アタマで作りた信仰は身欲の悩みを逃れんが基なれば、御身《おんみ》の保身が先にあり、汝らを生かし生かしある基に真っ先に感謝ができぬ臭き魔釣りぞ」

とあります。

身欲が生じると、一つの現象を、これは得（善）、これは損（悪）とアタマで分離、判断するようになり、損得を考えはじめると感謝の心を失っていき、次に自分に都合の悪い相手、現象を責める心が生じ、ついには「身欲から生じた善悪の判断」により大神の意識から分離してしまいます。

これにより人間の死（輪廻）の体験が始まったということで、これが聖書の
「善悪の知恵の木の実を食べたときは、君は死なねばならないのだ」
という神の言葉の意味であるようです。

この点に関しては、釈迦も最も古い聖典『スッタニパータ』の中で次のように言っています。

「欲にひかれ、好みにとらわれている人は、どうして自分の偏見を超えることができるだろうか。彼は自ら完全であると思いなしている」

つまり、価値判断をしている限り、偏見を超える、すなわち生死を超えることはできないということになります。

「一厘」の秘密がついに明かされた

日月神示において、

「残る一厘はいよいよのギリギリでないと申さん」

と、一厘を明かす約束をされています。これについては、長谷さんたちに神示を降ろされ、約束を果たされたようです。

日月神示では、

「一厘が隠してあるのぢゃ。隠したものは現れるのぢゃ。現れているのぢゃ。何でもないことがなかなかのことぢゃ。判りたか」

「一厘の仕組みとは〇に神の国の、を入れることぞ、よく心してたみておいてくれよ」

「残る一厘は悪の中に隠してあるぞ」

などとあります。

艮《とどめ》のフミなどでは、しつこいほど悪と結びつけており、

「そなたらの最大の取り違い『悪（開《あ》く）』の仕組みが分からねば、

こたびの大峠は越せん…」

「悪の中に真コトあり。悪の中に真コトの一厘が隠してござる」

「悪避けるなよ、悪に一厘あり」

と、悪の概念の取り違えが最も重要なヒントとしてでてきます。

そして、火《ひ》水《みつ》伝《つたえ》文《ふみ》でもう一つのヒントを与えられています。

「マコトの真釣り」とは、真釣る真中、肝心要の真中の一厘、すべてを顕《あら》わし生かしある力、であるといい、

「蛇の力を底々に封印せしはその神力、思《おも》凝《いしこ》り固まりて快欲に囚われたる身欲悪現れいでたれば『魔釣りの経綸』のハタラキ現れ出るよう仕組みありての事でござりたのじゃ」

とありますが、最後の一厘の仕組みでは、この封印された力が重要な役割を果たすことになります。

汝らの真中に残りありた一厘のマコト、元《もと》つ大神のお出まし
に呼応致して汝の真中を占拠する身欲を基の台と成す、九分九
厘の『あやま知』を自ら払わんと鳴り響いて居るのじゃ。
マコトの少しなりと鳴り出されるように成りて下さらねば、
この方も手を貸すことは出来ぬのぞ。授かる草薙《くさなぎ》の剣《つるぎ》で苦しさ
のあまり自ら払う酷《ひど》き有様が見えるによりて、気の毒でこの方
は見るのがいやであるぞ。

余りにケガレた身魂のままである者にとりては、一挙に一回
でマコトをハラに据えられては生くるも成らず、死ぬも成らず、
苦しみの余り改心致すも底の見えている改心由《ゆえ》、それも成らず、
悶《もだ》え暴れ狂いて、しまいには自らの頭を自らが潰す末路と成り
果てしもうのぞ。

――『火水伝文《ひみつつたえふみ》』より

もともと身欲のケガレ故にチャクラが封じられていたのであり、草薙《くさなぎ》の剣《つるぎ》（真言《まこと》・生く言魂《ことだま》・竜の火）によってこのチャクラが完全に開かれ、そのケガレが焼き払われることになります。

ちなみに、超瞑想などでは、よくこの〝チャクラ〟という言葉が使われていますが、このチャクラとは〝霊的中枢〟のことで、これを開き、尾骶骨（性腺チャクラ）からクンダリーニと呼ばれる地のエネルギーを上げて超能力、霊能力を開発しようとしています。

スサノオの命《みこと》によって八岐大蛇《やまたのおろち》の尾からとり出された草薙《くさなぎ》の剣《つるぎ》は、人間の脊椎《せきつい》（剣）の例えでもあります。八岐大蛇《やまたのおろち》とは、身欲によって肥大したケガレ、嘘の象徴として真中のハラに居座るもので、このケガレたままの状態で人体の霊的中枢をすべて完全に開くと、霊と体のバランスが崩壊してしまいます。そのため、今まで大神様はわざわざ封印されておられたのです。

時が来て今回、マコトのみを残してすべてを焼き尽くす竜の火、草薙《くさなぎ》の剣《つるぎ》が額からハラまで貫通することになり、真の意味でチャクラが開かれることになります。

チャクラが開かれた時、物質界と霊界を同時に認識できる、つまり時空を超えられるようになるのですが、これがこの文中の「生きることも死ぬこともできない」という意味であり、日月神示の「過去と未来が同時に来る」、艮《とどめ》のフミの「現界と幽界と神界の境をなくす」ことの意味でもあります。

そして、これが身《み》と霊《ひ》の境を開く、つまり「岩戸開き」の真の意味であり、日月神示で次のように示された部分の解答になっています。

「千引《ちびき》の岩戸開けるぞ」

千引石《ちびきいし》は黄泉《よみ》の国との境にあります。長谷さんの神示では「イザナギとイザナミが一つになるぞ」となります。

「八と九、九と八の境をひらくことが岩戸を開くことぢゃ」

東西南北の「四方、八方」というように、この世は一から八までの世界であり、黄泉《よみ》の国は九、十の世界です。

聖書的に言えば、「死者が墓から甦る」となります。

日月神示で一厘を十種《とくさ》の神宝《かんだから》と結びつけていますが、これも死者復活の秘儀に関するものです。そして、大掃除のクライマックスを次のように語っています。

人民の戦や天災ばかりで今度の岩戸開くと思うていたら大きな間違いざぞ。戦や天災でラチあくようなチョロコイことではないぞ。あいた口がふさがらんことになりて来るざから、早う身魂磨いて恐いもののないようになっておりてくれよ。肉体の恐さではないぞ、霊《たま》の恐さざぞ。霊《たま》の戦や禍《わざわい》は見当取れまいがな。

心の奥深くの「悪」が表に「開《あ》く」

この「岩戸開き」と、「残る一厘は悪の中に隠してある」から、次のような結論が浮かびあがります。

悪（開《あ》く）の仕組みとは、大神様が封印した力を解放し、チャクラを強制的に開くことよってメグリの貯蔵庫でもあるこの霊的中枢から一気に自らの悪心、ケガレが吹き出すというもので、これが大神様のいわれる一括払いというものでしょう。ちなみに、これは三《み》歳《と》苦《せ》難《くなん》の最終段階と思われます。

心の奥深くの悪が表に開《あ》くことになり、その現象化したすべてと自らが対面する状況になるということで、これが起こったらほとんどの人は錯乱状態に陥ることになるかもしれません。

それ故に、大本教の出口王仁三郎が信者から一厘について尋ねられたとき、

「今の大本にできる者はおらんな」

とか言ったのでしょう。

しかし、この苦しみを体験しなければ身魂のケガレは払えないようで、神の世界のルールでは、自分が他人に与えた苦は必ず自分自身の苦しみとして体験せねばなりません。

それ故に、キリストはこれを

「まいた種は刈り取らねばならない」

と言ったのでしょう。

「悪の中に隠された一厘」とは、悪が自らの内にあるのを知らず、外や他人が悪いのだ、と裁き責め続ける限り、つまり自分の発したすべてが自分に返ってきて苦しみ続けるのだということを理解しない限り、マコト（一厘）には永遠に気がつかないということです。

これは、鏡に映った自分を責め続けていることと同じことでもあり、外に現れている現象を自らの「分かつ知」をもって判断し続け、最後には自らの魂さえ分裂させ破壊してしまうということでしょう。

「悪避けるなよ、悪に一厘あり」

という言葉は、悪（都合の悪い事、嫌なもの・者等）が精算されるまで本人の前に現れ続けることをいっているのだと思われます。

つまり、その人にとっての「悪」が実はマコト（一厘）であり、「悪が自らの内になければ悪は現れない」という真実、といったところでしょうか。

「富士」山は地球のチャクラである

一厘の仕組みが実行されたとき、クンダリーニのエネルギーが上昇し、頭頂（岩戸）を突き抜けることによって、その人の認識している現実のリアリティは崩壊し始めます。

各自は、それぞれがつくり出す想念世界を現実の一部として次第に体験していくことになるでしょう。そしてその過程で、その人のもっとも恐れていること、もっとも否定している事象に直面する機会が訪れるのです。

クンダリーニのエネルギーによって視床下部の温度が上昇し、その内分泌腺が活性化することによって、封じられていた第3の目が完全に目覚めることになります。それは、1日24時間、幻覚剤を飲んだ状態でなんとかバランスをとりながら生きていく、というようなものです。

そしてこの時、敵意をバラまく人は解き放たれたその神通力により破壊的な世界を引き寄せ、自ら滅ぶ道を選択することになるのです。

　地球のチャクラと人体のチャクラはシンクロしており、地球の次元上昇と時を同じくしてクンダリーニの上昇は始まるものと思われます。多少のズレはあるかもしれませんが、おそらく地球のクラウン・チャクラである富士山の噴火によってその封印は解かれることになるでしょう。

　これが、日月神示で最大の謎とされている「富士」と「鳴門」の仕組みで、鳴門は渦、すなわちクンダリーニのことをあらわしているのです。

全次元の天国化に向け、人類の「大掃除」が始まる聖書の伝道者の書において、輪廻の終焉《しゅうえん》について書かれてあるような一節がありますのでちょっと紹介しておきます。

「こうして、ついに銀の紐は切れ、金の杯は打ち砕かれ、水瓶は泉の辺で砕かれ、滑車が井戸のそばでこわされる。塵は、もとあった地に帰り、霊はこれをくださった神に帰る」

肉体と魂を結ぶシルバーコード「銀の紐」が切れ、「金の杯」という封じられてきた霊的中枢（脳下垂体部）が解放され、我々個々の霊である「水瓶」は霊の大海を意味する「泉」に流れ込んで同化し、ついに回り続けた「滑車」という輪廻転生のシステムは終わるのです。

神のルールを踏みはずした我々を消滅から救うため、大神様は輪廻転生というシステムを創り上げ、長い長い間、導いてこられました。このシステムを維持するのは、いかに全能の大神様であっても並大抵ではなく、艱難辛苦の連続であったそうです。

今回、いよいよその猶予期間が終了し、全次元を天国化するため、断腸の思いで大掃除を実行されるそうです。その強い決意を、次のように語っています。

「こたびのコトはいかなる神仏に頼み参らせれど適わぬコトぞ。人を創り、神をも創りせしものの意なるが由《ゆえ》ぞ」

「人間の世界に掃除現れるぞ。人間の理屈、中の神や仏の理屈、一切御破算ぞ。知識捨てて掃除せよ。宗教も哲学も知恵も科学も通用せんぞ。元《もと》つ真釣りに戻す大掃除でござる」

楽園を追放された、つまり神界に入れなくなった我々は、地球をガラクタ園にしてしまいましたが、情け深い大神様に延長していただいた年月を有効に使い、贖罪《しょくざい》を果たして、今度こそ栄光の御世にその一員として加わろうではありませんか。

「人は日々、自分自身に出会うのだ」

——確かエドガー・ケイシーの言葉だったと思いますが、魔釣りで腐った頭で創り出したメグリを解消していくのは、結構気が滅入《めい》るものがあります。

また、ある宇宙存在はこれを次のように言っています。

「その人の魂の様々な側面がいろいろな形をとって本人の前に現れ、自分と争っているのです」

悪が次々表に出ているのは、別世界へ移行する前兆すべての顕現、現象の裏には本質的なものの働きかけがあります。車のデザインが人間の思考の中に生まれ、その形が現実に物質化されるように、人間は神の思考によってこの世界に物質的に実体化しました。

しかし、人間は与えられた自由意志を誤用し、神の創造した調和の世界を破壊する存在になり果ててしまいました。

そして今、別の形を望む、神の「思い」がこの世界に現れはじめたような気がします。

政治、社会面で今まで決して表に出なかったことがどんどんバラされ、秘密を隠せなくなってきたように、各個人も次第に今までのようなタテマエの生活ができなくなってきており、心の中を隠せなくなってきたはずです。すぐ人をナイフで刺したりするのは、その典型的な例といえるでしょう。

これは、次の、全く別の世界に移行する前兆のようです。次の世界が、テレパシーですべてがわかってしまう、心がそのまま現れる時代であるとされるからです。

武器を使わなくても、口論しなくても、心の中で戦っている限り、このレベルでは戦争を実際にしているのと同様であるため、そのような想念の持ち主は次の世界には存在することができないのです。

すべての不都合は、心の中の戦いがそのまま現実化してその人の前に現れているだけなのかもしれません。

我々日本人には、重大な使命がある

これまで、一厘の仕組みが実行された場合、我々に起こるであろうと思われる現象を一応とりあげてみました。

しかし、現実にそれがどのような手法をもって成されるかは、まさに「神のみぞ知る」領域であると思われます。

地球の生命は多種多様なものから成り立ち、それぞれが独自の位置を占め、依存し合い、完全な調和を創り出しています。そして、自然界にはひとつとして同じものは存在していません。木の葉一枚でも微妙に違うのです。

逆に言えば、だからこそ世界が成立しているのですが、ここにはどれが劣っているとか優れているとかの優劣はなく、ただ全体の一部として機能できるよう、それぞれの役割と位置が与えられています。

同様に、人間もそれぞれの国民が受け持つべき分野が魂レベルで与えられているのですが、わが国日本は目先の欲に目が眩《くら》んで外国のマネばかりをして、それに追従してきた結果、本来の役目を忘れ去ってしまいました。

我々日本人には、神より与えられた重大な使命があるのです。日本、ヒノモト（霊《ひ》の元、日の元、一《ひ》の元、火の元）は、世界の人民の身霊《みたま》の親としての地位を与えられており、世界の人々にマコト（人としての態度）を示すのがその役目なのです。

日本には世界中のすべての要素が凝縮されており、世界中のすべての気候、地形、季節、料理、文化、思想が存在し、すべてのものを融合させる和の精神をそこに見ることができます。ただ、その長所は、反面、かつて「顔のない日本人」と揶揄《やゆ》されたように、白黒をハッキリ分けたがる外国人には曖昧と感じられるようです。

しかし、日本の列車到着時刻の正確さは世界一であり、かつては世界一安全な国として、また礼儀正しい国民として多少なりとも評価されていました。

近年では、阪神大震災で被災者が救援物資を受け取るのに順番に並んでいるのを見て、海外のマスコミは驚いていたようです。外国では、われ先にもらおうと殺到するのが当たり前の風景になっています。

これは、まだ日本人がわずかながらも世界の人々に人の道を示せるという証しかもしれません。

しかし、現在の日本は外国の思想をありがたがってマネをし続けた結果、人を責めるのが当たり前というようなすさんだ社会になってしまいました。そのため、非常に霊性が低下し、世界の人から尊敬されるべき国であらねばならないのに、その徳を示すどころか、恥をさらしているのが現状です。

我々日本人が背負った使命の責任は重く、神はこの日本に責任を果たさせるため、大変な試練を与えられるようです。かつて、世界で唯一、核の洗礼をうけたのも、親としての自覚をなくしたその穢《けが》れ故の厳しさであったのかもしれません。

将来、とても耐えられないような悪夢のような現実が我々の目の前に繰りひろげられようとも、人を、社会を責めず、歯をくいしばって耐え難きを耐え、忍び難きを忍んで心魂を磨き、その後ろ姿を世界の人々に見せるという大役を、我々は演じなければならないのです。かつて、昭和天皇は終戦時、「自分はどうなってもいいから国民は助けてほしい」とマッカーサーに言われたといいます。

その時こそ、個人のメグリと日本国のメグリが同時に精算されるわけですが、多くの人はその理不尽さや不条理さに絶望し、人を、神仏を呪い、お蔭《かげ》を落としてしまうようです。

苦境の時にこそ、その人の本性があらわれるのです。どこの国々も、それぞれのメグリを精算しなければならないのですが、日本には、かつて世界中の木材資源や海産物（魚やエビ等）を金にあかせて買いあさり、浪費し、世界中の自然を荒廃させたメグリや、第2次大戦でつくったメグリなどがあるようです。

神のテスト問題は、ひとつしかない

どんなに避けようとも、自分のしたことはいつか自分に返ってきます。

これから先に何が待っていようとも、腹をくくって、すべて「自らの責任をとる」という態度をもって、すべてを許すことのできる「大人」になって苦境を耐え抜こうではありませんか。いちばんキツイ3年間を何とか辛抱して、永遠の天国であるミロクの世界へ大神様に連れていってもらおうではありませんか。

この世に、人間の所有物といわれるものは、何ひとつ存在しません。すべてが神よりレンタルされているもので、この肉体でさえ、物質の世界で遊ぶために各個人のメグリに応じて貸し与えられた肉の服、ぬいぐるみです。人間の唯一の財産は、各個人それぞれの体験だけなのです。

人間がどんなにあがこうとも、神の外には出られません。神の意志にいつまでも逆らっていることはできないのです。なぜなら、この宇宙自体が神の心の中に生み出された世界であるからです。

現在、人間が生きているこの三次元物質世界はもうすぐその役目を終え、掃除されてしまいます。ですから、地球の心配をすることや環境を破壊している人を責める必要はないのです。破壊すること自体が悪いのではなく、その心の態度が問題なだけなのです。

人は長い輪廻の間「私は悪くない」と責任転嫁を続け、楽な方へ楽な方へと流れ、身欲と保身から自分に都合のいいように他人や自然をコントロールし続け、さらなるメグリを積み上げてきました。

その結果、法律や規則にがんじがらめにされた、身動きのとれない息苦しい社会を創りあげてしまいました。「人生、苦があって当たり前」とか、「人は競争によって忍耐力を養うのだ」とか、「花は散るのが美しい」とかいうような、苦し紛れの屁理屈で自分を納得させ、心をごまかしながら生活してきたのです。

何度でも人生をやり直せた時代はついに過ぎ去り、今回は、神の掟に逆らったら二度と再生は許されません。そして、大変な苦しみを、気の遠くなるような長期間にわたって体験し続けた後、自分が自分を消し去るのです。

神のテスト問題は、ひとつしかありません。不都合な状況を体験した時、「誰かのせいにするか、しないか」のただひとつのみです。どんな「被害」を受けようとも、その人や状況を責めなければよいのです。被害者はかつての加害者であり、神の完璧な摂理の内にプラスマイナス・ゼロとなって、その責任は精算されるのです。

神は人間に、「神から離れる自由」も与えられました。どちらを選ぼうと個人の自由ですが、一人でも多くがミロク（千年王国）の道を歩んでほしい、というのが神の切なる願いであるのです。

この世でどんなに善いことをしようと、どんなに善人と言われようと、この世の価値観を手放さない限り、ミロクはかなわぬ夢でしかありません。ミロクの世は、善悪、優劣、強弱、上下等の二元論を超越した、誰も責めることのない、すべてを許すことのできる人々だけが光ひとつ上がった肉体をもらう世界です。今の肉体の目からは見えない、何不自由なく楽しく遊んで暮らせる永遠の天国です。それはすでに神の想念の中に創造されており、あとは我々人間が来るのを待つばかりとなっています。

日月神示は、汲めども尽きない泉である

日月神示は、何度読み返してみても汲めども尽きない泉のようにそのたびごとに新しく、いつも私は困惑し、立ち止まってしまいます。もちろん、人間に神の世界を本当に知ることなどできないので、当たり前といえば当たり前なのですが…。

長谷章宏氏（元《もと》つ神からの最後の艮《とどめ》のフミ）と我空徳生氏（火水《ひみつ》伝文《つたえふみ》）のご苦労により、その真（神）意が明らかにされ、やっと私はその突破口を見つけることができました。そうして、そこから私なりに理解したことをこれまで書いてきましたが、その内容が元《もと》つ大神様の御心にかなったものになっているかどうか、本当のところ私にはよくわかりません。

ただ、私としては、このように感じられたということで、私自身には真実の物語となっています。皆さんにこの内容がどのように感じられるかわかりませんが、心の平安と究極の理想世界をめざす人々へのささやかな道しるべとして、また私自身への励ましとして、ここに発信させていただきました。

この内容は、ある方々にとっては空想そのものかもしれませんが、悪夢にうなされている時の精神的苦痛が現実で感じる精神的苦痛と同質のものであるように、精神にとって現実と空想との境は明確には存在していません。だからこそ、テレビとか電話とか、昔の人が空想してきたものが現実に存在するのです。

他人の信念をとやかく言うのは自由の侵害ですし、「ミロクなどいらない」「絶対認めない」という方々は、それが望みですので、その望みも間違いなくかなえられるでしょう。ラジオが発信局の周波数をとらえて同調すれば、その音を響かせることができるように、平安を、理想世界を求める人々の心の中に神は到来され、その精神を望み通りの楽園にいざない、神はそこで人とともに住まわれ、その喜びを楽しまれるのです。

我々は次のように言おう。あなた方は、現に偉大な霊的進歩、覚醒への機会が与えられる時代、その入口に立っている、と。だが、そのような時代は、等しく堕落への機会をも提供するというのが宇宙法則であることを忘れてはならない。

あなた方は、

「私は実に、あなた方が受け取ることのできないほどの祝福をあなた達の上につみ重ねてきた。だが、あなた達はそれを嘲《あざけ》り、軽蔑してきた。そして、もし我が子らの誠実な祈りを聴くため私がすべてのものを取り上げ、彼らが私に向かって泣き叫ぶまで彼らを裸でよるべなき身にしなければならないのならば、そのように私はしよう」

と語る時代を見ることになるだろう。

時は迫っている。そして、この時代に、天と地の新しい表現に備える光の体を形成する必要がある。肉体の振動の時代は過ぎ去り、神への旅における人間の発達にとって、それはもはや適当なものではなくなっている。これらが修正され、この時代のこの大気が掃き清められ、幾度もこの存在界に戻ってくる必要を超越した人間が住むべきあの新天地を開始し、紡《つむ》ぎ、自ら形づくるあの新しい光に準備すべき時代があり、必要がある。

汝らは地上のものにあらず、限られた時間の間、経験のために、このような殻の中に住んでいる天の者、神の者である。それして、このような殻に住む必要はなくなろうとしている。それゆえ、これに執着するなかれ。地球という土塊の崩壊を気づかうなかれ。すべての体がそれとともに滅びようと、気づかうなかれ。汝らはその体にあらず、これらの体をこの世界で表現する道具として用いる、はるかに大きな意識である。

「聴き入る場所は自己の内にあり」

それが、神自らのご計画である。この声だけが、他のすべての者が滅びるその時代にも心の内奥から導きが得られる可能性を指し示し、刺激するのである。もし人がそれを聴くことができないならば、彼を救える言葉は何ひとつ存在しない。

次元がこの世界に加えられつつある。それはまず意識の中に加えられ、意識の新次元、存在の新次元がさらに近くへ引き寄せられ、地球の一部になろうとしている。心開きつつある人々が新しい次元の中に生き始める時、彼らは皆、体に帯びる物質を減らし、大きく拡大された次元の中に入ってゆく。

準備した者たちは、その光が雲間に現れる時に引き挙げられ、これらの体を離れ去るであろう。自らを引き挙げつつ、彼らは光のようになり、自らの一部であるあの光に磁石のように吸い寄せられてゆく。彼らは、そここそ彼らの天父、住み家であることを目にし、認め、光に吸い寄せられる。

こうして、彼らは雲の中で神にまみえるため携え上げられる。準備せざる者たちは天を見上げたまま後に残され、神がその時でさえ自分たちをお受け入れになるように天に向かって泣き叫ぶが、彼らの準備はできていない。もう遅すぎるのである。

——『ポール・ソロモンのアカシックリーディング』より

神の分身として花開く時が来た

現在、太陽系は銀河の腕の中を移動し、まもなく新しい宇宙領域に入ろうとしています。

それは、昔から予言された黄金時代の始まりです。新しい光源、黄金の放射線を浴び、この世界は新しく生まれ変わるのです。新時代は２０１３年7月26日以降に設定されているようですが、そのシナリオも大神の慈悲と愛により変更される可能性もあり、現在のところ、すべては流動的であるようにも思われます。私自身は、この日付より相当先になるのではないかと考えています。

人間という生物の形を選んだ我々、すなわち霊・個別化したスピリットは、自分自身が何者であるのかを忘れてしまいましたが、いよいよ最初の目的を思い出す時が来ました。互いに協力しあって神の永遠の創造と繁栄の喜びを分かちあい、神の全体性を完全に表現することができる、神の物質界での分身としての資質を花開かせる時がきたのです。

すべての木がわたしの木の本質を知ってそれを顕《あら》わしているように、よく知りなさい。

わたしの海鳥としての本質を感じとるカモメのように感じなさい。

わたしの海の歌を聞くヒトデが知っているように知りなさい。花のように感じなさい。それから、国民のこころも。

何となれば、すべての存在の中で顕現されるのはただひとつの「大いなる存在」のみであり、あらゆる種の夢の背後にいるのはただ一人のドリーマー（夢見る人）だからです。ドリーマーはあなた方人間の中で、十分に、完全に目覚めようとしているのです。

人類の幼年期の最後の日々を生きるあなた方よ。目覚めは段階的に進み、幾層にもなった幻想はタマネギをむくように次々とはがれ落ちていきます。

地上で待つ人間の中に入ろうとしているわたしの存在――またたく星の霊《スピリット》の側には、いま現在、情熱が欠けていることはありません。わたしが来たのは、あなたの目でこの世界を見、あなたとともに創造の作業をつづけ、創造された世界を愛《め》でるためなのです。

あなた方人間を通じてわたしは創造を愛し、あなた方を手段として地球のより大きな可能性をひき出すつもりです。わたしの認識は、霊的《スピリチュアル》な面に目覚める各人に訪れ、わたしの思考の高い周波数に無理なく順応できるよう、少しずつゆっくりとかれらの生命の中に入っていきます。

この心理的プロセスはエデンの園に入る門であり、また、わたしの子どもたちや創造物や自己のわがままな反映が、みなかれらの本来の故郷であるわたしの認識の庭にもどる入口でもあるのです。

わたしの庭がわかるのは、愛することを知る人だけです。庭を創り出した愛の本質が理解できるのは、愛することを知る人だけだからです。かれらのよろこび――それと、かれらの中にいるわたしのよろこびは、それを感謝することによって永遠に成長します。また、感謝によって、絶えず創造もうながされるのです。

主観性が強いあなた方人間の身体は、自分で大いに楽しみなさい。目覚めの状態では、歴史という幻影の住みかにいたときより、はるかによく身体を使うことができるようになるでしょう。あなたの認識と人間全体で共有する認識は、主観性という閉ざされた回路による経験よりはるかに遠くまで流れます。

あなたは、永遠なる愛の無限のエネルギーに支えられ、普遍的な存在となることによって、あなた自身のものとなった星の領域でほかの人間たちといっしょに遊びながら、十分にくつろいで自分自身であることのよろこびを味わいなさい。あなたの身体は、多次元のそれぞれの様相を表すことができるように創られています。感覚器官への重点の置き方を変えることによって、あなたは新しい宇宙でとる形態を考案し、無限の変奏曲をかなでる永遠の命を楽しむことができます。

――『ザ・サード・ミレニアム』より

新時代を前に、もはや秘密のベールにおおわれたものなど何ひとつ存在しません。神のよろこびそのものである人間は、神の「夢」の主役として、神の創造した無限の世界をこれから心ゆくまで楽しむことができるのです。

こんな素晴らしいチャンスをみすみす逃す手はありません。無限の可能性を秘めた人間であることのよろこびをかみしめ、たとえ現在苦境にあったとしても、一時的な通過点ととらえ、来たるべき未来、想像を超えた世界に夢を馳せ、その真実をこの目で見てみようではありませんか。否定からは何も生まれません。とりあえずミロクを信じてみるのも悪くないと思いますよ。ちょっとくらい信念を曲げても、何も損はしないのですから。

新時代の到来を告げる鐘の音が鳴り響く

現代という最終列車に乗った我々は、もうまもなく終着駅に到着しようとしています。列車内では、まもなくの到着を知らせるアナウンスが様々な形で流されています。眠っている人や何かの欲望ゲームに夢中になっている人には、雑音にしか聞こえませんが…。

人よ。神の子よ。そなたたちは、皆等しく神の愛を、神の誠を、神の慈愛と慈しみを受けておるのだ。そうしながら、そなたたちは、勝手な欲と損得の計算ばかりに明け暮れ、心汚し、神から離れてしまい、あげくに神を汚すのか。神を恨むのか。今日《こんにち》のこの地球上のあらゆるできごと、事件、災害、不幸現象は、すべてそなたたちへの、神からそなたたちへの警告なり。よいか、決して徒《あだ》やおろそかに考えるでないぞ。よいか、時は迫っているのだぞ。

時はいやでも訪れる。人を裁き、立て分け、永遠に消滅させられる魂と、残され、再びの生命を与えられ、再度人間としての魂を授けられて、この世の立て替え、立て直しに共に励むことを許される魂と、神はお分けになるのだ。

その時、地獄に堕ちて、地獄の火に焼かれることを望むなら、神はそなたを、もう求めはすまい。呼びかけることも、もうなかろう。

忘れるなよ、人よ。神の魂を分け与えられし、尊き魂の持ち主たちよ、今のままではもう直らぬ。今のままでは墜ちゆくばかりなり。

今こそ問い正さねばならぬのだ。今こそ神に乞い、許しと救いを求めねばならぬのだ。

人よ、神は今なお人を愛し、求めてやまぬ御心をお持ちだ。

なぜなら、神は、自らがおつくりになった魂の元親であらせられるからだ。

人よ、次に来る世は、美しき魂、清き魂、高き魂の者たちだけが生きることを許される世になるのだぞ。そこに生きる魂たちは、皆等しく神の霊行を行じ、神への感謝に満ちて生くる者たちだけとなろう。その中で許される生き方は一つ、神に従い、神を信じ、神を求め、神を敬う者たちだけの世となり、そうした生き方のみが許される世となるのだ。

今からでも遅くはないのだ。人よ、今からでも神はお許しくださろう。

――『神から人へ』より

現時点でとりかえしのつかないことなど、何も存在しません。責任をとる気があるなら、すべては許されるからです。

新時代の到来を告げる鐘の音が鳴り響いています。ともに手を取り、新世界へ出発しようではありませんか。神の無限の喜びに満ちた、その光の世界へ——。

おわりに

「物質で満たされることが何よりの幸せである」という価値観に基づいて、日本は戦後、わき目もふらず経済発展に邁進し、ついに世界一、二の「物質に満たされた国」を実現しました。

そして現在、前にも進めず後ろにもさがれない「どんづまり」状態に陥り、もがいています。

アメリカにしても、今までは「力こそすべて」という価値観ですべてをうまく支配してきましたが、最近はそれもうまくいかなくなってきました。他国の人々も、「どうも力だけではダメなようだ」と気がついてきたのではないのでしょうか。

人間は体験しなければ理解しないので、これまではこのような状況を体験する必要がありました。そして、世界中の人々がこれらのことを認識するにはテレビやインターネットという情報網も必要で、これらは最後に用意された舞台装置ともいえます。

人は、それぞれに都合のよい善悪の基準をつくって他人を裁いてきました。その反作用が自らの首を絞めていることに気がつかずに。

ある高次元のマスターは、いみじくも次のように言われました。

「これが正しくて、それは間違っていると言い始めたとき、人は自動的に人生の苦さを知るのだ」

さて、我々もそろそろカゴの中から出て真の自由を味わってみようではありませんか。

我々は、身欲と引きかえに感謝の心を失ってしまいました。全宇宙を支えておられる元《もと》つ大神様の計りしれない慈愛の深さとそのご苦労に、我々は頭を垂れねばなりません。

汝等皆々、お一人お一人、何かの事どもを支え居るであろうがな。汝等ご自身が支える基でござるなら尚《なお》の事、軽き思いや言の葉で、成すは適わぬ事ぐらい、百も承知にござろうが。なれば、在りて有るモノ支えるは、いかなる力におわすか、思いをなして見なされよ。火の御ハタラキが、下から支える裏の御ハタラキにござるよ。こは父の御役じゃ。至誠大愛の御役にござるよ。

下から上へ燃え立ち昇る如く、ご自身は下の下の下に下りて、見えぬ陰の存在と成りて、何かのことを背負いご守護致し生かし活かして、背負われるものが得心致して、不平不満もなく安心致して生きあるよう、下から上までスクリとマコトをタテワケ立て、ご守護致すこの世の基の御ハタラキを申すのであるぞ。

マコトタテワケルご苦労がその基じゃと申して居るのぞ。

自らを下に下に下げ行きて、支えるハタラキに仕え真釣るは、この世の基のハタラキなれば、身欲を控えて成し参る、尊き我が子を見過ごすようなこの方にてはござらぬぞ。

ドン底に落ちてなお、深き感謝を持ちてマコトを護持致し来た者は、花の咲き行く時節になりたぞよ。万古末代散らぬ花であるぞ。

――『火水伝文《ひみつつたえふみ》』より

未来はすでに決定されました。ミロクの光が近づくほど、その影も濃厚さを増していきます。そして、光が真上に来た時、その影は消え去ることになります。

その時、あなたはどちらを選択されているのでしょうか。

参考文献

『神から人へ』ひふみともこ著（今日の話題社）
『ザ・サード・ミレニアム』ケン・ケアリー著（徳間書店）
『アクエリアス革命００２』（たま出版）
『プレアデス＋かく語りき』バーバラ・マーシニアック著（太陽出版）
『真のヒトになるための生き方』長谷章宏著（たま出版）

そなたの求めるもの、そなたの足元にあるではないか。

どこを探しておるのじゃ。

そがわからねで何をしてきたのじゃ。

まずはそなたの心の中を見つめなおすがよいぞ。日々見つめなおすのじゃ。

すべては心がつくり出したもの、すべてはそなたの心が形になったもの、そなたの後ろにいる美しい生き物（ネコと鳥）、そなたの望みをこの方が叶えて差し上げたのでござろうが。

神は上《カミ》・化身《カミ》・火水《カミ》、すべての大元、そなたは神の何を試すのじゃ。

そなたは神の何を見ておる。
天上の楽園は、自らを高める者にしか見えん。
なんとなれば、我欲に曇った目には無きに等しきもの。
そなたは、「生あるもの」とはいったい何であるか、考えたことがあろうか。
そは神の喜びそのもの、唯一の実在。
見るがよい、その本質を。
そなたが招かれしこの世界、そなたがこの世界に望みしもの、
今一度思い返すがよい。
メグリメグル世界は、いつか天上の楽園そのものに変わるので

はないのか。

メグル世界に捕われしそなたらも、いつかその真実に出会うのではないのか。


すべては計画されたこと。

つかの間の、そなたらの無明という休息。それも計画のうち。

そなたの出会いしすべて、それも必然。

今あるものを利用し、そなたのすべてを許し、そなたの心を満たすものを見つけるがよいぞ。

明日のことは明日考えればよい。

人は神の喜びの現れ、永遠の神の喜びが形になったもの。悲しみはこの方の望みではござらん。悲しみは本来無きもの。そがあるのは、今、一時的なもの。永遠から見れば無きに等しきもの。

この方に生かされているそなたに、心配は必要ござらん。ただの欲でござる。

欲を捨ててみなされ、みんな曇ってござるぞ。

今あるものにしがみついておりても、苦しいだけじゃ。どこまでいっても満足はござらん。

そなたらは幸せを求めておるが、そは逆じゃ。
幸せは求めるものではござらん。
そなた自身が幸せを分け与えるのじゃ。そなた自身が贈り物と
なるのじゃ。
そなたが何も持たずとも、できることがあるであろう。
日々、神の恵みに感謝し、苦しみを思わず、人にやさしい言葉
をかけ、笑顔を見せるだけでもよい。
その時、その時でできることでよいのじゃ。
与えよ、そが初めじゃ。
希望、喜びを与える者には、この方が万倍の喜びを用意してお

る。それがミロクじゃ。

自分をわきに置き、人の喜びを自分のものにするとき、人はマコトを知るのじゃ。

人は、喜びの中に生きるため生まれたのじゃ。

すべてを認め、すべてを許すとき、そなたはそなた自身が神の一部であることを、そのやすらぎの中で知るのじゃ。

日々、少しずつ自分を磨くのじゃ。

そなたに用意されし人生、そなたがどう思おうとそなた自身が選んだもの。

不足を申すでないぞ。不足を思う心は不足を生むのじゃ。感謝が先じゃ。

そなたらに与えし宝、金銀財宝にあらず。

そなたらが執着を離れ、心を清めし時、そなたらの魂の輝きは宝石の如し。

そなたらに与えられし愛と真《まこと》こそ、無限の喜びを生み出す永遠の宝。

よいな、心を有限に閉じこめるではないぞ。

この方の与えし無限の世界が、そなたらの遊び場ぞ。

次はすでに用意しておる。

ゆっくりついてまいられよ。

超新世紀ミロク

2006年11月8日　初版第1刷発行

著　　者　愛知 風太郎
発 行 者　韮澤 潤一郎
発 行 所　株式会社 たま出版
〒160-0004 東京都新宿区四谷4－28－20
☎03-5369-3051（代表）
http://www.tamabook.com
振替　00130-5-94804

印 刷 所　東洋経済印刷株式会社

ISBN4-8127-0223-2 C0011